Rygbi: Calon y gymuned
Rugby: Heart of the community

Rygbi: Calon y gymuned
Rugby: Heart of the community

University of Wales, Newport | Prifysgol Cymru, Casnewydd

WRU

Argraffiad cyntaf: 2012

© Hawlfraint y lluniau: Luke Ball, Alice Carfrae,
Steven Pepper ac Undeb Rygbi Cymru, 2012

*Mae hawlfraint ar gynnwys y llyfr hwn ac mae'n anghyfreithlon i
lungopïo neu atgynhyrchu unrhyw ran ohono trwy unrhyw ddull
ac at unrhyw bwrpas (ar wahân i adolygu) heb gytundeb
ysgrifenedig y cyhoeddwyr ymlaen llaw*

Dymuna'r cyhoeddwyr gydnabod cymorth ariannol
Cyngor Llyfrau Cymru. Diolch hefyd i Alun Gibbard.

Golygydd: Geraint Cunnick
Lluniau: Luke Ball, Alice Carfrae a Steven Pepper
Cynllun y clawr a dylunio mewnol: Michael Trott

Rhif Llyfr Rhyngwladol: 978 1 84771 413 8

FSC

Argraffwyd a chyhoeddwyd yng Nghymru gan
Y Lolfa Cyf., Talybont, Ceredigion SY24 5HE
gwefan www.ylolfa.com
e-bost ylolfa@ylolfa.com
ffôn 01970 832 304
ffacs 832 782

First impression: 2012

© Copyright (photographs): Luke Ball, Alice Carfrae,
Steven Pepper and the Welsh Rugby Union, 2012

*The contents of this book are subject to copyright, and may
not be reproduced by any means, mechanical or electronic,
without the prior, written consent of the publishers*

The publishers wish to acknowledge the
financial support of the Welsh Books Council.
Thanks are also due to Alun Gibbard.

Editor: Geraint Cunnick
Photographs: Luke Ball, Alice Carfrae and Steven Pepper
Cover and internal design: Michael Trott

ISBN: 978 1 84771 413 8

FSC

Published and printed in Wales by
Y Lolfa Cyf., Talybont, Ceredigion SY24 5HE
website www.ylolfa.com
e-mail ylolfa@ylolfa.com
tel 01970 832 304
fax 832 782

Rhagair gan Gerald Davies

Foreword by Gerald Davies

Y ddelwedd sydd gennym o rygbi yw'r un sy'n cael ei chyfleu yn daer ac yn ddramatig trwy gyfrwng y lluniau ar y teledu. Dyma theatr fawr liwgar y gêm ryngwladol, sy'n hoelio ein sylw wrth i'r bloeddio a'r fflamau a chyffro chwarae'r arwyr ferwi yng nghrochan Stadiwm y Mileniwm a meysydd enwog eraill ledled y byd. Mae'n llawn sŵn a swyn, a'r seddau serth yn ymestyn lan at y nefoedd, yn orlawn o wynebau brwdfrydig a disgwylgar. Mae Cymru gyfan yno, y ddraig wedi'i phaentio ar wynebau, a môr o goch ymhobman, yn gapiau, crysau a sgarffiau. Mae'n ddiwrnod y gêm ryngwladol.

Ond dim ond yr wyneb yw hwn. Mae'r bobl arbennig sydd yno yn byw eu bywydau rygbi o ddydd i ddydd mewn ffyrdd tipyn mwy cyffredin. Er hynny, y ffyddloniaid yma yw canolbwynt hanfodol a ffyddlon rygbi Cymru. Ddydd ar ôl dydd ac yn aml yn hwyr y nos maent yn eu

Foreword by Gerald Davies

The image we have of rugby football is that which is conveyed insistently and dramatically to us through the television pictures. It is that of the great and compulsive theatre of the colourful International match with all the sound, the flames and the fury of the heroic deeds of the day from the Millennium Stadium and other famous places around the globe. It is high-pitched and high performance with the steeply elevated concourse packed to the rafters with eager and expectant faces. All of Wales is there, faces mapped with dragons, bedecked in red, bobble caps and scarves. It is International day.

But this is the surface. The wonderful people who are there live their rugby lives in more modest ways. Modest they may be but they are the essential and loyal core of Welsh rugby. Day in, day out with long evenings of vital tasks

clybiau yn paratoi er mwyn i ddefod gêm y penwythnos fynd yn ei blaen. Mae eu llafur cariad yn sicrhau bod olwynion y gamp anhygoel hon yn dal i droi. Yn dawel ac yn fawr eu gofal, mae'r gwirfoddolwyr teyrngar yn dangos eu hangerdd at y gêm, yr hwyl a'r gwaith caled a ddaw yn ei sgil. Mae'r chwaraewyr yn cyrraedd yr ystafell newid, mae'r cit wedi'i lanhau, mae'r te yn y tebot, mae'r bar yn barod ac mae'r cae, er nad yw'n berffaith efallai, wedi cael pob sylw. Mae'r sioe wythnosol yn cychwyn eto.

Does dim côr yno i ganu i'r tîm wrth iddynt gamu ar y cae treuliedig, does dim cynllun perffaith, dim sylwebaeth huawdl i ddisgrifio'r symudiadau. Yn y clwb, yn yr ystafell newid, yn y siarabang sy'n teithio'r hewlydd cul bob Sadwrn er mwyn cyrraedd y gêm nesaf, dyma guriad calon rygbi Cymru. Does dim ymffrost na rhwysg, dim ond mynegiant o'u hangerdd at y gamp a'r modd y maent yn cynnal traddodiad sy'n ymestyn yn ôl dros sawl ddoe.

Mae'r lluniau yma'n dangos y gêm a'i phobl fel y mae ym mhob pentref a chymuned ledled Cymru. Wrth i ni edrych ar sglein y rygbi ym

to accomplish, they prepare for the weekend ritual of the club game. Their time and effort ensure that the wheels of this great sport keep on turning. Quietly, the army of volunteers, caring and willing, show their love of rugby football, of the fun of it and the hard work of it. Players turn up, the kit gets cleaned, the tea is made, the bar is looked after and the pitch, not necessarily manicured, is cared-for and tended. The weekly show goes on.

There are no choirs to sing for the players as they make their way to the overworked pitch, there is no perfect plan, no smooth commentary of their doings. In the clubhouse, in the dressing room, in the charabanc that meanders and trails its way every Saturday to the next game, we find the heart of Welsh rugby. There is no vanity and no pretension, only the expression of their love of rugby, and the way they continue a tradition that stretches into the very long ago.

These pictures show the game and its people as it is in every village and hamlet the length and breadth of Wales. As we watch rugby

myd y teledu, felly, rhaid pwyllo ac ystyried o ble y daeth y chwaraewyr yma, pwy ddangosodd y ffordd iddynt, pwy roddodd air o anogaeth, pwy wnaeth feithrin y crwt ifanc o'r stryd nesaf. Ble ddechreuodd y cyfan?

Mae'r lluniau yma'n dangos yr hyn y mae'r gêm yn ei olygu i ni yng Nghymru a pham, yn wir, y dylem fod yn falch o'r gêm a'i phobl. Maent hefyd yn dangos pa mor agos at ein calon yw'r gamp hon.

Mae Gerald Davies yn gyn-chwaraewr rhyngwladol i Gymru a'r Llewod. Mae'n aelod o Fwrdd Cyfarwyddwyr Undeb Rygbi Cymru ac yn Gymrawd er Anrhydedd ym Mhrifysgol Cymru, Casnewydd.

played at the high, television-end we must ponder long on where the players have come from, who showed the way, who gave a word of encouragement, who nourished the young player from the next street. Where did it all begin?

These pictures show what the game means to us in Wales and why, indeed, we should be so proud of the game and its people. They show, too, how much we care.

Gerald Davies is a former Wales international rugby player and a British and Irish Lion and is currently a WRU Board Director. He is also an Honorary Fellow of the University of Wales, Newport.

Rygbi Llawr Gwlad

Sut mae'r Prosiect Rygbi Llawr Gwlad yn Adlewyrchu Gwir Werth Rygbi

Mae rygbi'r undeb yn rhan annatod o frethyn ein cenedl mewn cynifer o ffyrdd amrywiol.

Gall ennyn angerdd a balchder, anobaith a dicter fel ei gilydd mewn cymunedau ar hyd a lled Cymru.

Mae'r clybiau sy'n sefyll yn gadarn fel canol a chalon y cymunedau hynny hefyd yn cynnal tipyn mwy na dim ond y chwarae ar y cae rygbi. Os ewch i mewn i unrhyw un o'r 300 o glybiau sydd gennym, gallech ganfod unrhyw beth o grŵp mam a'i phlentyn i gyfarfod y clwb seiclo lleol.

Mae Undeb Rygbi Cymru wedi cydnabod gwir bwysigrwydd y clybiau a'r dylanwad cadarnhaol y gallant ei gael ar gynifer o agweddau ar ein bywydau bob dydd. Dyna un rheswm pam y cafodd y prosiect Rygbi Llawr Gwlad ei gomisiynu mewn partneriaeth

Grassroots Rugby

How the Grassroots Project Reflects the True Value of Rugby

The game of rugby union has become imprinted on the fabric of our nation in so many ways.

It can engender passion, pride, despair and anger in equal measure within communities across the length and breadth of Wales.

The clubs which stand proud as the hubs of those communities also host far more than the action which takes place on the field of play. Step into any of our 300 clubs and you could walk into a mothers and toddlers group or rub shoulders with a meeting of the local cyclists' group.

The WRU has recognised the true importance of the clubs and how they can be such positive influences on so many aspects of our daily lives. That is one reason why the Grassroots Project was commissioned in partnership with

ag adran ffotograffiaeth Prifysgol Cymru, Casnewydd.

Gofynnwyd i'r myfyrwyr anelu eu camerâu y tu hwnt i'r hyn oedd yn digwydd ar y cae er mwyn cyfleu pwysigrwydd ehangach ein clybiau rygbi yn y cymunedau lle maent wedi ffynnu ers degawdau. Maent yn symbol o'r hyn y mae'n ei olygu i fod yn Gymro neu'n Gymraes ac maent wrthi'n addasu er mwyn adlewyrchu'r Gymru gyfoes i'r un graddau ag y maent yn cynrychioli ein hanes diweddar, gan ymestyn yn ôl at chwyldro diwydiannol y bedwaredd ganrif ar bymtheg.

Mae'r lluniau yn y llyfr yma yn adlewyrchiad triw o'r ffaith fod rygbi yn llawer mwy na dim ond gêm, ble bynnag yng Nghymru y caiff ei chwarae. Mae'r chwaraewyr a welwch yn y lluniau yn amlwg yn llawn angerdd a balchder wrth iddynt gynrychioli eu trefi a'u pentrefi yn y pymtheg cyntaf lleol. Mae'r cefnogwyr hŷn, sydd wedi rhoi eu hesgidiau i gadw ers amser maith, yn amlwg yn awr yn rhoi o'u hamser, eu doniau a'u profiad mewn amrywiaeth eang o ffyrdd. Mae menywod yn amlwg hefyd, naill ai fel chwaraewyr neu fel y

the University of Wales, Newport's photography department.

The students were briefed to point their cameras beyond the rugby pitches and capture the wider importance of our rugby clubs in the communities where they have thrived decade after decade. They symbolise what it is like to be Welsh and they are evolving to reflect modern Wales as much as they represent our recent history, stretching back into the industrial revolution of the nineteenth century.

The photographs in this book reflect so accurately how rugby is much more than a game wherever it is played in Wales. The players photographed in action are clearly passionate and proud to be representing their towns and villages in the local rugby XV. The older followers who have long hung up their boots clearly give their time, talents and experience to rugby in a wide variety of ways. Women feature prominently either as players or as the people who make sure that the rugby clubs thrive and prosper even through difficult times.

rhai sy'n gyfrifol am sicrhau bod y clybiau rygbi yn ffynnu a datblygu, yn erbyn y ffactorau weithiau.

Mae'r tri ffotograffydd a dynnodd gannoedd o luniau o rygbi llawr gwlad Cymru yn unigolion talentog a fydd yn gadael eu prifysgol i ddechrau gyrfaoedd llwyddiannus ar sail eu doniau a'u hymroddiad digwestiwn. Rydym yn dymuno'r gorau iddynt. Maent wedi creu gwaddol pwysig, sy'n esbonio, trwy gyfrwng delweddau byw a threiddgar, pa mor bwysig yw'r gêm yng nghymunedau Cymru heddiw ac i'r dyfodol.

Rygbi llawr gwlad yw conglfaen ein gêm genedlaethol ac yr wyf wrth fy modd ein bod wedi llwyddo i groniclo ei phwysigrwydd mewn prosiect mor flaengar a chyffrous. Yr wyf hefyd am ddiolch i'r holl glybiau a'u haelodau a gyfrannodd at y fenter â'r fath falchder a brwdfrydedd. Diolch i chi gyd.

Roger Lewis
Prif Weithredwr Grŵp, Undeb Rygbi Cymru
Mawrth 2012

The three photographers who took so many hundreds of photographs of grassroots Welsh rugby are talented individuals who will go on from university to carve out success based on their undoubted skills and determination. We wish them well. They have created an important legacy which explains in vivid and reflective images how important the community game is and will always be in Wales.

Grassroots rugby is the bedrock of our national sport and I am delighted that we have been able to capture its importance with such an innovative and exciting project. I also want to thank all the clubs and their members who took part in this initiative with such pride and enthusiasm. Thank you all.

Roger Lewis
Group Chief Executive, Welsh Rugby Union
March 2012

Cyflwyniad

Mae'r gyfrol hon yn gyfle i ailymweld ac ailddiffinio cyfres o luniau a dynnwyd mewn cydweithrediad ag Undeb Rygbi Cymru ar ddiwedd 2010 ac a gafodd eu harddangos yn gyntaf ar ddechrau 2011.

Roedd yr Undeb yn awyddus i greu cofnod mewn lluniau o 'Rygbi Llawr Gwlad' – yr agwedd ar y gêm sydd wrth galon y rhan fwyaf o gymunedau Cymru ac sy'n feithrinfa i sêr y dyfodol yn ogystal â chynnig llwyfan i chwaraewyr hŷn. O wythnos i wythnos daw'r gymuned at ei gilydd i chwarae a chefnogi – o dorri'r gwair i farcio'r cae a gwneud y te tra bod eraill yn sefyll resaid wrth resaid yn y llacs a'r baw yn bloeddio eu cefnogaeth.

Aeth yr Undeb ati i ddod o hyd i'r ffotograffwyr mwyaf addas i gofnodi hyn – yn fwy na dim, ffotograffwyr a fyddai'n gallu creu a dehongli gyda llygad craff a sensitif. Wedi cyfres o gyfarfodydd ar hap daeth Prifysgol Cymru, Casnewydd a finnau yn rhan o'r prosiect, ac yn fuan wedyn dri myfyriwr

Introduction

This publication is an opportunity to reimagine and redefine a series of photographs made in conjunction with the WRU that began in late 2010 and saw its initial exhibition in early 2011.

The WRU had a desire to create a documentation in photographs of 'Grassroots Rugby' – the aspect of the game that is at the heart of most Welsh communities and is both the developing ground of the stars of tomorrow as well as an arena where more seasoned players perform. Week in and out the community is drawn to play and to support this – from the cutting of the grass and the marking of the pitch to the making of the tea against a backdrop of lines of supporters crammed along muddy touchlines.

The WRU set out to find the most appropriate photographers to record this – more than anything, to find those who could create and interpret with a keen and sensitive eye. A series of fortuitous meetings led both the University of Wales, Newport and myself to be involved and shortly afterwards three final-year students

oedd ar flwyddyn olaf y cwrs Ffotograffiaeth Ddogfennol – rhaglen astudio ac iddi hanes a bri.

Dewiswyd y clybiau ar sail ymchwil ac ar sail eu lleoliad, a bu'r Undeb yn gefnogol ac yn flaenllaw wrth ein cyflwyno i'r clybiau hynny. Mae ansawdd y cysylltiadau sydd gan ffotograffydd a'r modd y mae'n ysgwyd llaw ac yn ymwneud â phobl yn gymaint rhan o'i waith ag ydyw'r lluniau eu hunain. Gan nad oedd y prosiect yma'n eithriad, gwariwyd cryn dipyn o amser yn trafod cynlluniau a strategaethau – ble i fynd, pwy i siarad â nhw, ble i sefyll.

Yr hyn oedd yn amlwg oedd bod y lluniau a dynnwyd yn astudiaeth fanwl a chyfoethog o bwysigrwydd y gêm i'r rhai sy'n dewis bod yn rhan ohoni, ar y cae ac ym mhob cwr o'r gymuned. Yn y lluniau gwelwn yr ifanc a'r brwdfrydig yn dysgu eu crefft yn ogystal â'r ymrafael mwdlyd wrth i hen elynion fynd benben ar y cae drachefn.

Yn anad dim, bu'r gyfrol yn gyfle i ehangu ar y stori hon. Mewn cydweithrediad â'r Lolfa, yr wyf wedi gallu ailymweld â'r lluniau ac ehangu naratif rygbi yn y gymuned i fod yn draethawd

studying Documentary Photography – a longstanding programme of study with heritage and distinction.

Clubs were chosen through a process of research and location, with the WRU being helpful and prominent in offering the necessary introductions. The life of a photographer is as much about the quality of their contacts, their handshakes and human interactions as it is about photographs, and this being no exception much discussions surrounding plans and strategy followed – where to go, who to talk to, where to stand.

What was clear is that the resulting photographs were a rich and detailed examination of the positioning of the game within those who choose to participate as well as the wider ripples that permeate to the corners of the community at large. In them we see the young and eager learning their craft as much as the muddy confrontations as old rivals lock horns once again.

More than anything, this publication has been an opportunity to expand on this story. In collaboration with the Lolfa I have been able to revisit the photographs and extend the narrative of

gweledol bywiog sy'n fwy eang ei apêl. Mae'r casgliad hwn yn diffinio'r rhythm a'r ddefod sydd wrth graidd y gêm amatur, ac yn amlygu pa mor debyg a chyson yw'r rhythmau a'r defodau hynny ledled Cymru.

Geraint Cunnick
Uwchddarlithydd mewn Ffotograffiaeth
Prifysgol Cymru, Casnewydd
Mawrth 2012

community rugby into a lively and more expansive visual essay. This definitive selection defines the rhythm and ritual that is the amateur game, and what is clear is how continuous and similar these are across the Principality.

Geraint Cunnick
Senior Lecturer in Photography
University of Wales, Newport
March 2012

Y ffotograffwyr: Alice Carfrae, Luke Ball a Steven Pepper

The photographers: Alice Carfrae, Luke Ball and Steven Pepper

Alice Carfrae

"Penderfynais ganolbwyntio ar sut mae rygbi yn aml yn tynnu cymunedau bach cefn gwlad Cymru at ei gilydd. Gwelais fod timau go iawn yn bodoli yng nghefn gwlad Cymru – nid dim ond tîm yn chwarae ar y cae ond timau sy'n cynnwys y gymuned gyfan. Mae'r cymunedau yma yn gweithio gyda'i gilydd i gyflawni pethau mawr, fel adeiladu clwb newydd sbon a fydd yn ganolbwynt cymdeithasol i'r gymuned lle gellir cynnal digwyddiadau a gweithgareddau eraill a fydd yn cynnwys pawb. Yn y timau go iawn yma, does dim rhwystrau cymdeithasol nac uchelgeisiau personol. Cefais groeso twymgalon yn y clybiau a'r cymunedau yma. Roedd y lletygarwch a charedigrwydd y bobl yn anhygoel ac mae'r clybiau yn sicr yn gwybod sut i ddangos ichi sut mae dathlu ar ôl gêm! Mae'r angerdd yn amlwg ar lawr gwlad, nid dim ond tuag at rygbi ond tuag at fywyd yn gyffredinol."

"I decided to focus my project on how small rural communities in Wales are often drawn together by rugby. I found rural Wales to be a place where true teams really exist, not just a team playing on the pitch but teams that include the whole community. I saw communities working together to achieve great things like building themselves new clubhouses, making a social hub for the community and putting on other events and activities to include everyone. In these true teams there are no social barriers or personal ambitions. I was welcomed into these clubs and communities with open arms. The generosity and warmth I felt was overwhelming, and the clubs certainly know how to show you how to have a good time after a match. At the grassroots level there is a lot of passion not only for the game but for life."

Mae lluniau Alice i'w gweld ar y tudalennau canlynol:
Alice's photos can be found on the following pages:

19, 22, 23, 24, 25, 28, 34, 36, 37, 38/9, 40, 44, 45, 46, 51, 53, 54, 56, 59, 60, 63, 64, 68, 72, 73, 74, 75, 77, 79, 80, 81, 82, 84, 87, 88, 89, 90 (& Luke Ball), 91 (& Luke Ball), 92, 93, 94, 95 (& Luke Ball), 99, 100, 101, 102, 103, 104/5

Luke Ball

"Fe ddewisais ganolbwyntio ar drefi diwydiannol a phentrefi bach yn fy rhan i o'r prosiect. Roeddwn am ddangos sut roedd dynion yn ymlacio ar ddiwedd wythnos waith a sut mae'r gêm yn dod â'u cymuned ynghyd. Cefais fy syfrdanu gan ba mor nerthol yw'r clymau sy'n dal y cymunedau yma at ei gilydd, a hynny'n cael ei gryfhau'n sylweddol gan rygbi. Yr hyn wnaeth fy synnu fwyaf oedd gweld cynrychiolaeth o bob rhan o'r gymuned yn y gemau, a'u cefnogaeth frwd i'r tîm cartref. Cyn, yn ystod ac ar ôl y gemau roedd llawer o'r trigolion lleol yn bresennol, yn ddynion a merched, o fabanod newydd-anedig i'r henoed. Does dim dwywaith fod y synnwyr o fod yn perthyn i gymuned yn cael ei atgyfnerthu yn y digwyddiadau yma, a rhaid ei fod yn cyfrannu'n sylweddol at gryfhau'r ymdeimlad o gymuned."

"I chose to approach this project by focusing on industrial towns and small villages. I wanted to show the way the working men unwind at the end of the week and the sport which brings their community together. I was amazed by the bond which these communities had and which was clearly made stronger through the sport of rugby. What surprised me the most was the way the entire community was represented at the matches and the passionate support they showed for their home team. Before, during and after the matches, many of the locals were present, men and women from newborn right the way through to the very old. I have no doubt that the sense of belonging to a community is reinforced at these events and must really help to strengthen community spirit."

Mae lluniau Luke i'w gweld ar y tudalennau canlynol:
Luke's photos can be found on the following pages:

18, 20, 21, 26, 27, 29, 30, 31, 32, 33, 35, 41, 42, 43, 47, 50, 52, 55, 57, 58, 61, 62, 65, 66, 67, 70/1, 76, 83, 86, 90 (& Alice Carfrae), 91 (& Alice Carfrae), 95 (& Alice Carfrae), 96, 97, 98

Steven Pepper

"Roeddwn i am ddangos sut mae rygbi'n cefnogi cymunedau lleol trwy raglenni addysg bywiog a helaeth, trwy godi arian a thrwy gynnig ffocws i ysbryd a balchder lleol. Nid ynys yw'r clwb rygbi. Mae'n galon i'r gymuned ac yn ffordd o fyw, o'r clwb bach sy'n chwarae ar dir fu'n eiddo i'r gwaith dur i Stadiwm y Mileniwm yng nghanol dinas fodern Caerdydd. Cymru yw'r clwb rygbi a rygbi yw Cymru."

Mae lluniau Steven i'w gweld ar y tudalennau canlynol:
Steven's photos can be found on the following pages:

48, 49, 69, 78, 85

"I wanted to show how rugby supports local communities through active and extensive education programmes, through fundraising and by providing a focus for local spirit and pride. The rugby club is not an island but the centre of a community and a way of life, from the small club on reclaimed steel land to the Millennium Stadium in the centre of modern Cardiff. The rugby club is Wales and Wales is rugby."

Y dyfarnwr yn gosod y sgrym yn Nhai-bach (mewn melyn) yn erbyn Treforys

The referee sets a scrum at Taibach (in yellow) v Morriston

Ci yn tarfu ar y chwarae yng ngêm Gwernyfed yn erbyn Aberhonddu

A dog interrupts play at Gwernyfed v Brecon

Cefnogwyr ifanc yn gwylio o le da yn Aberteifi

Young spectators watch from a vantage point in Cardigan

Baneri hysbysebu ar ochr y cae ym Mhorthcawl

Pitchside sponsorship banners at Porthcawl

Prop yn hyrddio, Sêr y Coed-duon yn erbyn Cil-y-coed

A prop on the charge, Blackwood Stars v Caldicot

Llumanwr yn gwylio'r chwarae

A linesman watches play

Lles y chwaraewyr – ffisiotherapydd wrth ei gwaith

Player welfare – a physio at work

Hanner amser ym Mhorthcawl

Half-time at Porthcawl

Polisi datblygu ieuenctid y Pîl ar waith!

Pyle's youth development policy kicks in!

Parch at ei gilydd: Porthcawl (mewn gwyrdd) yn erbyn y Pîl

Mutual respect: Porthcawl (in green) v Pyle

Hapusrwydd yn Aberdâr

Happy days in Aberdare

Cyfeillgarwch ar fws tîm y Pîl

Camaraderie on the Pyle team bus

Portread o un o chwaraewyr y Pîl

Portrait of a Pyle player

Portread o un o chwaraewyr y Pîl

Portrait of a Pyle player

Lluniaeth o gaban dros dro

Refreshment from a makeshift kiosk

Y tu ôl i bob clwb da... (Porthcawl)

Behind every good club... (Porthcawl)

Golygfa nodweddiadol o glwb rygbi

A typical rugby club view

Ystafell newid y clwb rygbi

The rugby club changing room

Nid dim ond y dynion sy'n serennu yn Aberteifi

It's not only the men who shine in Cardigan

Drws Clwb Rygbi Ynys-ddu

The doorway to Ynysddu Rugby Club

Cefnogwyr ifanc yn mwynhau awyrgylch y clwb

Young fans enjoy the clubhouse atmosphere

Y tlysau'n cael eu harddangos

Silverware set out for display

Yr ystafell newid yn wag

The empty changing room

Portread o un o chwaraewyr y Pîl

Portrait of a Pyle player

Portread o un o chwaraewyr y Pîl

Portrait of a Pyle player

Sgarmes oddi ar y cae

Rough and tumble off the field

Croeso gwlyb i Gil-y-coed...

A wet welcome for Caldicot...

Diwedd y prynhawn yn Aberteifi

Late afternoon in Cardigan

Tu fas i'r ystafelloedd newid

Outside the changing rooms

Hyfforddwr yn siarad â chwaraewyr ifanc

A coach talks to young players

Chwaraewr ifanc yn cario pad ar gyfer un o'r pyst

A young player carries a post pad

Mae ambell ystafell newid angen côt newydd o baent

Some changing rooms need a lick of paint

Gwella diwyg y clwb

Improving the clubhouse décor

Cefnogwyr yn y gêm yn Nhai-bach

Fans at the game in Taibach

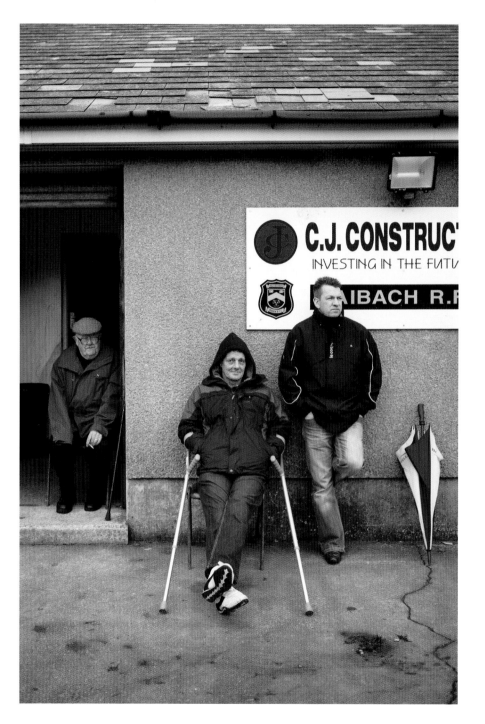

Gwirfoddolwr wrth ei waith

A volunteer in action

Cefnogwr yn mwynhau'r peint traddodiadol ar ddiwrnod y gêm

A fan enjoys the traditional match-day pint

Ymbaratoi cyn y gêm yn Nhai-bach

Pre-match warm-up at Taibach

Chwaraewyr yn dod ynghyd yn Aberteifi

Players in a huddle at Cardigan

Pawb yn dod at ei gilydd ar gyfer llun o'r tîm

Everyone gathers for a team photograph

Un o swyddogion y clwb yn gwylio'r chwarae

A club official watches play

Gwirfoddolwr yn Ynys-ddu

Volunteer at Ynysddu

Chwaraewr ifanc yn perffeithio ei sgiliau cicio

A young player perfects his kicking style

Chwaraewyr yn llamu yn y llinell yn Aberteifi

Players leap in a line-out at Cardigan

Cefnogwyr yn gwylio

Fans look on

Hyfforddwr yn cynnig help llaw

A coach offers a guiding hand

Cefnogwyr yn canolbwyntio ar y chwarae

Supporters focus on the action

Gwirfoddolwr yn cario'r poteli dŵr

A volunteer carries the water bottles

Chwaraewr yn cael cymorth cyntaf

A player receives first aid

Y traddodiad o ddod ynghyd fel tîm

The traditional team huddle

Aros am luniaeth ger y cae

Queuing for pitchside refreshments

Hyfforddiant ffitrwydd a thechneg

Training for fitness and technique

Chwaraewyr ifanc yn ymbaratoi

Young players warm up

Lle perffaith i wylio'r chwarae

The perfect vantage point

Aberdâr a Gwernyfed yn chwarae o dan y llifoleuadau

Aberdare and Gwernyfed play under floodlights

Cefnogwyr wrth y bar

Fans at the bar

Chwaraewyr yn cymdeithasu yn ystod y pryd wedi'r gêm

Players mingle at the post-match meal

Bois tref Aberteifi

The boys of Cardigan town

Gwirfoddolwyr yn paratoi'r ystafell newid

Volunteers prepare the changing room

Cwrs swyddogion gemau yr Undeb

WRU match official course

Chwaraewyr iau yn mwynhau gêm

Junior players enjoy a match

Chwaraewyr Gwernyfed yn trechu yn ardal y dacl

Gwernyfed players dominant at the breakdown

Gwirfoddolwr yn rhoi trefn ar drysorfa o deis clwb

A volunteer sorts a treasure trove of club ties

Gwirfoddolwyr yn gofalu am adeilad y clwb

Volunteers keep a clubhouse in order

Diwrnod y gêm ym Mhorthcawl

Match day at Porthcawl

Chwaraewyr ifanc yn ymbaratoi

Young players warm up

Chwaraewyr iau yn dysgu ymarferion hyfforddi

Junior players learn training drills

Portread o chwaraewr ifanc ar ochr y cae

Pitchside portrait of a young player

Gwirfoddolwr yn cadw clwb Ynys-ddu yn daclus

A volunteer keeps Ynysddu clubhouse tidy

Triniaeth gan ffisiotherapydd yn Ynys-ddu

Physiotherapy treatment at Ynysddu

Casglu'r llestri brwnt

Dirty dishes are gathered up

Grym gosgeiddig Merched Croesyceiliog

Poise and power at Croesyceiliog Ladies

Cefnogwyr yn mwynhau'r awyrgylch

Supporters enjoy the atmosphere

Y chwarae ar y cae yn mynnu sylw

Match action captures the attention

Chwaraewr yn gorffwys ar yr ystlys

A player in repose pitchside

Merched Croesyceiliog yn ymlacio yn yr ystafell newid

Croesyceiliog Ladies relax in the changing room

Chwaraewyr ifanc yn gwrando ar yr anogaeth i'r tîm

Young players listen to the team talk

Ennyd yn yr ystafell newid wedi'r gêm

A post-match moment in the changing room

Cefnogwraig yn dangos ei theyrngarwch

A fan displays her loyalty

Chwarae ymosodol yn ardal y dacl

Aggressive contact at the breakdown

Paratoi trylwyr cyn gêm yng Ngwernyfed

Meticulous pre-match preparation at
Gwernyfed

Chwaraewyr yn barod am y gêm

Players ready for game action

Chwaraewyr yn ymlacio gyda'i gilydd ar ôl gêm

Players relax together after a game

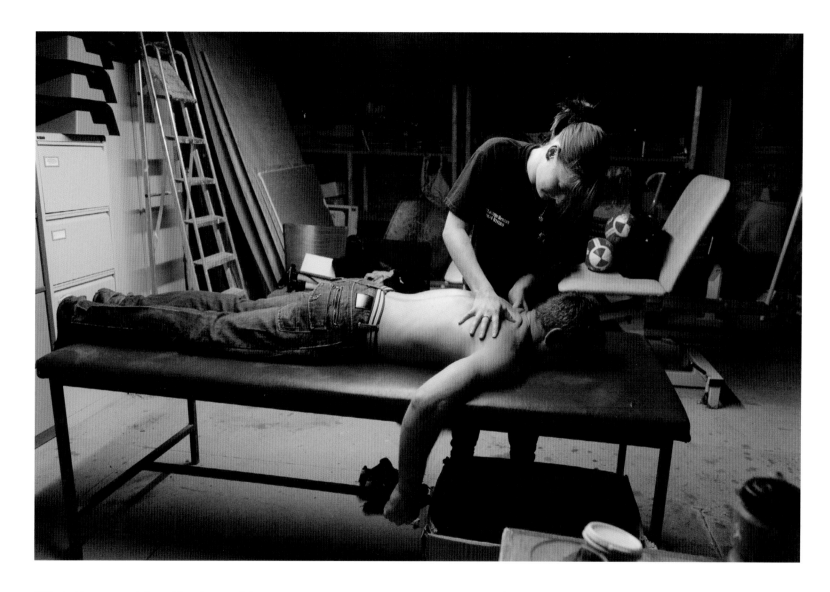

Ffisiotherapydd wrth ei gwaith

A physio at work

Ar y ffordd yn ôl i adeilad y clwb yng Ngwernyfed

Heading for Gwernyfed clubhouse

£7.95

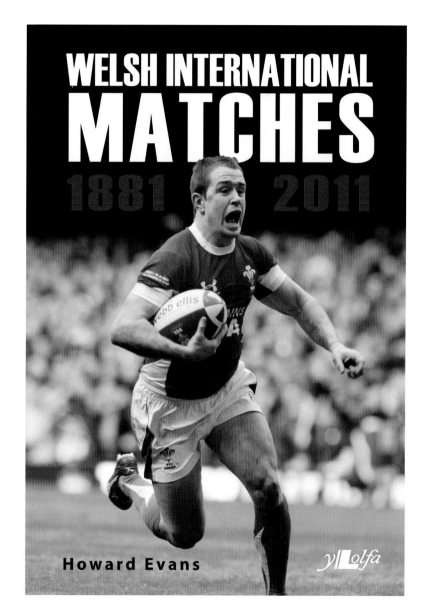

WELSH INTERNATIONAL MATCHES

1881 2011

Howard Evans

y Lolfa

£14.95

Am restr gyflawn o lyfrau'r Lolfa, mynnwch
gopi am ddim o'n catalog
neu hwyliwch i mewn i'n gwefan

www.ylolfa.com

lle gallwch archebu llyfrau ar-lein.

For a full list of books from Y Lolfa, send
now for your free copy of our catalogue.
Or simply surf into our website

www.ylolfa.com

for secure on-line ordering.

TALYBONT CEREDIGION CYMRU SY24 5HE
ebost ylolfa@ylolfa.com
gwefan www.ylolfa.com
ffôn 01970 832 304
ffacs 832 782

y Lolfa

TALYBONT CEREDIGION CYMRU SY24 5HE
e-mail ylolfa@ylolfa.com
website www.ylolfa.com
phone (01970) 832 304
fax 832 782